BEI GRIN MACHT SICH IHR WISSEN BEZAHLT

- Wir veröffentlichen Ihre Hausarbeit,
  Bachelor- und Masterarbeit

- Ihr eigenes eBook und Buch -
  weltweit in allen wichtigen Shops

- Verdienen Sie an jedem Verkauf

Jetzt bei www.GRIN.com hochladen
und kostenlos publizieren

Bibliografische Information der Deutschen Nationalbibliothek:

Die Deutsche Bibliothek verzeichnet diese Publikation in der Deutschen National-
bibliografie; detaillierte bibliografische Daten sind im Internet über http://dnb.d-
nb.de/ abrufbar.

Impressum:

Copyright © 2014 GRIN Verlag, Open Publishing GmbH
Druck und Bindung: Books on Demand GmbH, Norderstedt Germany
ISBN: 978-3-668-10249-1

Dieses Buch bei GRIN:

http://www.grin.com/de/e-book/311430/informationsmanagement-ii-eine-zusam-
menfassung

Felix Franke

Informationsmanagement II. Eine Zusammenfassung

GRIN Verlag

GRIN - Your knowledge has value

Der GRIN Verlag publiziert seit 1998 wissenschaftliche Arbeiten von Studenten, Hochschullehrern und anderen Akademikern als eBook und gedrucktes Buch. Die Verlagswebsite www.grin.com ist die ideale Plattform zur Veröffentlichung von Hausarbeiten, Abschlussarbeiten, wissenschaftlichen Aufsätzen, Dissertationen und Fachbüchern.

Besuchen Sie uns im Internet:

http://www.grin.com/

http://www.facebook.com/grincom

http://www.twitter.com/grin_com

Inhalt

Zusammenfassung Krägelin

Berichtswesen: Informationen werden aufgearbeitet für Entscheidungsträger.
Für einzelne Funktionen werden die Informationen benutzerbezogen aufbereitet.
➜ Betriebliche Kennzahlen
➜ Übersichtsgrafiken
➜ Online-Zugriff
➜ Modellierung und Visualisierung

OLAP: Interaktive Auswertung von Datenbanken, Multidimensionale Datenbestände müssen schnell durchsucht und aufbereitet werden. (Zum Beispiel nach Trends und Zeitverläufen) vgl. Klink

Data Mining: Unbekannte Zusammenhänge, Muster und Trends aus sehr großen Datenbeständen ermitteln. Mittels statistischer Methoden, Klassifikation, Segmentierung, Ermittlung von Abhängigkeiten. Vgl. Klink

Datensicherheit: Schutz unternehmenswichtiger Daten
➜ IT-Sicherheit – Sicherheit von Netzwerken und Rechnern
➜ Informationssicherheit – Rechner, Netzwerke, gespeicherte Daten, Informationen auf Papier und im Kopf

Datenschutz: Schutz personenbezogener Daten aufgrund gesetzlicher Regelungen
➜ Bundesdatenschutzgesetz regelt den Umgang
➜ Verbot mit Erlaubnisvorbehalt
➜ Zweckbindung & Erforderlichkeit zur Erhebung, Speicherung und Verarbeitung
➜ Transparenz – Auskunftsrecht des Betroffenen
⇨ Für Unternehmen bestehen gesetzliche Pflichten: Auskunft, Löschung, Rechtsgrundlage, …
⇨ Mitarbeiter Anforderungen: Vermittlung der Rechtsgrundlage, Sensibilisierung beim Umgang, Datenschutz-Bewusstsein (verantwortlich: Datenschutzbeauftragte)

Gesetze und Bestimmung zum Datenschutz:
- KontraG (Gesetz zur Kontrolle und Transparenz im Unternehmensbereich)
  o Überwachungssystem, Risikoanalysen, gilt für Aktiengesellschaften ab 50MA/7Mio Umsatz
- Basel II (Baseler Eigenkapitalvereinbarung für Kreditinstitute)
  o Mindestkapitalanforderungen hängen ab von Markt-, Kredit- und operationellem Risiko
  o Operationelles Risiko – Gefahr von unmittelbaren oder mittelbaren Verlusten infolge Unangemessenheit oder Versagen, beinhaltet Fehler in Prozessen und IT
- KWG (Kreditwesengesetz)
  o Ordnungsgemäße Geschäftsorganisation: Sicherheitsvorkehrungen, Sicherungssysteme gegen betrügerische Handlungen, Bundesanstalt für Finanzwesensaufsicht kann Anordnungen treffen, Mindestanforderungen an das Risikomanagement
- TKG (Telekommunikationsgesetz)
  o Geltungsbereich: Dienstanbieter die TK-Dienste erbringt oder daran mitwirkt
  o Anforderungen: Schutz des Fernmeldegeheimnis, Datenschutz, Schutz vor unerlaubtem Zugriff, Datenspeicherung für Auskunftsersuchen
- GDPdU (Grundsätze zum Datenzugriff und zur Prüfbarkeit digitaler Unterlagen)
  o Regelung zur Prüfung durch Finanzverwaltung: Prüfer erhält unmittelbar Zugriff auf alle steuerlich relevanten Daten, Langzeit-Archivierung auch von Briefen und E-Mails

- Handelsgesetzbuch, Bürgerliches Gesetzbuch, Bildschirmarbeitsplatzverordnung, Betriebs-
verfassungsgesetz

Datenschutz und –sicherheit Grundlagen:
- DIN ISO Normen & IT-Grundschutz nach BSI: Management hat Verantwortung für Informati-
onssicherheit, gängige Praxis zur Informationssicherheit,
- BSI Grundschutz-Kataloge: Bausteine zum Schutz, Gefährdungen, Maßnahmen, Schutzbe-
darfskategorien
- Es gibt technische und organisatorische Maßnahmen und das Sicherheitsbewusstsein der
Mitarbeiter
- Schutz vor Datendiebstahl, -manipulation, Viren, Trojanern, Aushorchen, …
- Informationssicherheit ist kein Produktiv-Faktor in den meisten Unternehmen sind jedoch
Bestandteil des normalen Risikomanagements, Maßnahmen verursachen dennoch Kosten
  o Konzeption von Schutzmaßnahmen, Investitionen in Hard- & Software, Betriebskos-
  ten, veränderte Arbeitsprozesse
- Wirtschaftlichkeitsprinzipien -> Minimierungsprinzip, Maximierungsprinzip, Extremumsprin-
zip, Pareto-Prinzip (20% Aufwand erreicht man 80% Sicherheit)
→ Daten nicht weitergeben, geeignetes Passwort wählen und nicht weitergeben, Bildschirm
sperren, besondere Vorsicht bei Internet-Cafés

Datenformate:
- Daten werden binär gespeichert, Zahlen benötigen weniger Speicher als andere Zeichen,
schneller Zugriff bei fester Länge
- Es gibt **Formate** für Zahlen, Zeichenketten oder wahr/falsch
- Daten gleichartiger Struktur werden als **Datensätze** gespeichert -> mehrere Datensätze bil-
den eine **Tabelle**
- In Datenbanken hat jeder Datensatz eine **eindeutige Identifikation**, auch als Primärschlüssel
bezeichnet.
- Bei der **Indexierung** wird eine zusätzliche Index-Tabelle angelegt, dies hilft bei der Suche
nach einem Datensatz und verkürzt die Suchdauer. Bei der Indexierung werden mehrere
Identifikationen zusammengefasst zu passenden Attribut-Gruppen
- Datenbanksysteme arbeiten über sortierte und binäre Suche, Hash-Tabellen und Binär-
Bäume
- Hash-Verfahren: Der Zeichencode als Binärzahl aufaddiert wird als Index des Datensatzes ge-
speichert
- Binär-Bäume teilen verzweigt in eine geordnete Datenstruktur (z.B. größer/kleiner) um
schnell bestimmte Werte zu finden.
- Wenn gleiche Daten mehrfach gespeichert werden müssten, zerlegt man Tabellen und bildet
Verweise (1-zu-n-Beziehung)
- Komplexere Beziehungen bildet man über n-zu-m-Beziehungen

Id	Interpret	Nationalität	Geb.Jahr	Album	Jahr	Preis
1	Eros Ramazotti	Italien	1963	Dove de musica	1996	9€
2	Tina Turner	USA	1939	Private Dancer	1984	10€
3	Tina Turner	USA	1939	All the best	2004	9€
4	Unheilig	Deutsch	2000	Lichter der Stadt	2012	11€
5	Eros Ramazotti	Italien	1963	Eros	1997	9€
6	Tina Turner	USA	1939	Eros	1997	9€

1-n-Beziehung

Interpreten-Tabelle

Id	Interpret	Nationalität	Geb. Jahr
1	Eros Ramazotti	Italien	1963
2	Tina Turner	USA	1939
3	Unheilig	Deutsch	2000

Id	Album	Jahr	Preis	Pers. Id
1	Dove des Musica	1996	9€	1
2	Private Dancer	1984	10€	2
3	All the best	2004	9€	2
4	Lichter der Stadt	2012	11€	3
5	Eros	1997	9€	1; 2

n-m-Beziehung

Interpreten-Tabelle

Id	Interpret	Nationalität	Geb. Jahr
1	Eros Ramazotti	Italien	1963
2	Tina Turner	USA	1939
3	Unheilig	Deutsch	2000

Alben-Tabelle

Id	Album	Jahr	Preis
1	Dove de Musica	1996	9€
2	Private Dancer	1984	10€
3	All the best	2004	9€
4	Lichter der Stadt	2012	11€
5	Eros	1997	9€

Id	Interpreten-Id	Album-Id
1	1	1
2	2	3
3	3	4
4	1; 2	5
5	2	2

Grundbegriffe des Informationsmanagement

Abgrenzung der Begriffe Daten – Information – Wissen

Information:

- Informationen sind in Kontext gesetzte Daten
- Allgemeinsprachlich: sich informieren
- ISO: Erklärung über die Begriffe Daten, Signale und Nachrichten
- BWL: Information ist zweckbezogenes Wissen. -> Begriff des Wissens muss definiert werden
→ Informationen sind immaterielle, nicht jedoch kostenlose Ressource
→ Wert einer Information kann normativer (vergleichender), realistischer (empirischer) oder subjektiver (Bauch-Wert) Natur sein
→ Ebenfalls abhängig davon wer, wann, wie oft und ich welcher Situation die Informationen nutzt

Management kann eine Institution des Unternehmens darstellen oder auch eine Funktion zur Planung, Entscheidung und Kontrolle darstellen.

Informationsmanagement im Überblick

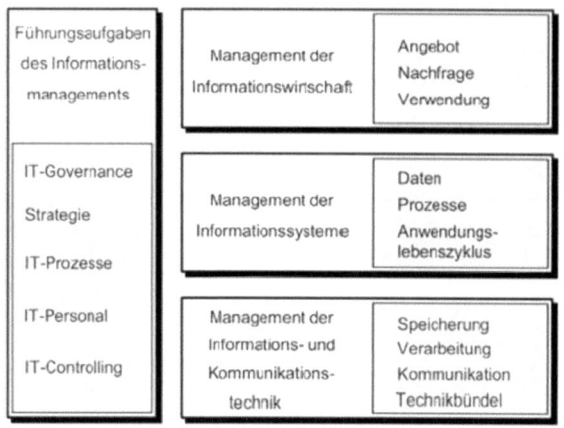

Ziel des Informationsmanagement ist es einen Ausgleich zwischen Informationsnachfrage und Informationsangebot herzustellen.

Entscheidungsorientierte Informationssysteme

Mehrstufiges Konzept

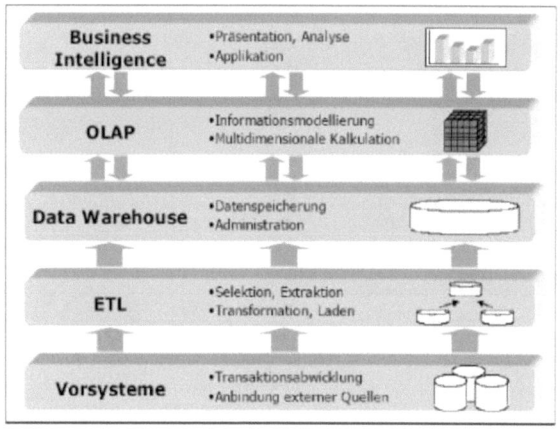

1. Datenbasis operativer Systeme (Vorsysteme)
2. Extraktion, Konvertierung, Dubletten-Bereinigung
3. Zentralisierte Datenhaltung
4. Aggregation, Analyse und Auswertung (OLAP)
5. Erkennen und Finden von Informationen (Data Mining, Business Intelligence)

➔ Vgl. Klink

Informationsgewinnung

- Unterscheidung zwischen *unternehmensinternen* und *unternehmensexternen* Informationsquellen
  ➔ Auswahl der Quellen: Primärerhebung oder Sekundärerhebung?
  ➔ Auswahl der Methoden: Befragung, Beobachtung, Inventur oder Dokumentenanalyse
  ➔ Kriterien: Relevanz, Gültigkeit, Zuverlässigkeit, Objektivität, Aktualität

Primärerhebung: neue Datenerhebung für den angestrebten Zweck
⇨ Ausgerichtet am Ziel, neue Ergebnisse
+ spezifische Datenerhebung
+ genaue Aussagen
- aufwändig

Sekundärerhebung: Auswertung fremder Datenerhebung
⇨ Widerholte Datenanalyse, neue Zusammenhänge
+ geringer Aufwand
+ Wiederholung nach anderen Gesichtspunkten
- veraltete Daten
- Fehler wegen unspezifischer Daten

Möglichkeiten einer Befragung (Primärerhebung):
Standardisiertes Vorgehen – gleich für alle Befragten
Teilstandardisiertes Vorgehen – zielgruppenspezifisch
Nicht standardisiertes Vorgehen – Reaktion auf Antwort, Freitextmöglichkeit

Verhaltensfragen – Handlugen von Befragten
Fragen nach Eigenschaften des Befragten
Meinungsfragen – Beurteilung
Überzeugungsfragen – Einschätzung

Offene Fragen – keine Vorgaben
Geschlossene Fragen – Antwortalternativen sind vorgegeben
Hybridfragen – Antwortalternativen + offene Antwort

Teilerhebung – Stichprobe
➜ Festlegung der Untersuchungsobjekte
➜ Auswahlverfahren (Zufall/ bewusste Auswahl)
➜ Ermitteln des Fehlers – Vergleich mit anderen Untersuchungen; Mehrfach-Untersuchung

Sekundärerhebung:
- Externe Quellen: Statistiken, Geschäftsberichte, Veröffentlichungen von Instituten, ...
- Interne Quellen: interne Unterlagen, Kundenstatistiken, Außendienstmitarbeiterberichte, ...

DUAL-System (Um-)Rechnung

Umrechnung Dezimalsystem -> Dualsystem:			
124/2	:	62,	Rest 0
62/2	:	31,	Rest 0
31/2	:	15,	Rest 1
15/2	:	7,	Rest 1
7/2	:	3,	Rest 1
3/2	:	1,	Rest 1
1/2	:	0,	Rest 1
Addieren im Dualsystem:			

➜ 124 in Dualsystem: 1111100
➜ Dezimalzahl kontinuierlich durch 2 teilen bis man bei null ankommt
➜ Restbeträge aufwärts gelesen ergeben die Binärzahl

➜ Äquivalent zum schriftlichen Addieren im Dezimalsystem wird mit Überhängen gearbeitet

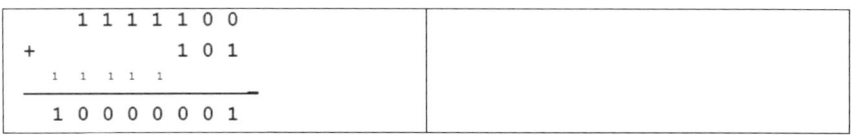

$\begin{array}{r} 1\ 1\ 1\ 1\ 1\ 0\ 0 \\ +\qquad\quad 1\ 0\ 1 \\ \underline{\scriptstyle 1\ \ 1\ \ 1\ \ 1\ \ 1\qquad\qquad} \\ 1\ 0\ 0\ 0\ 0\ 0\ 0\ 1 \end{array}$		

Subtrahieren im Dualsystem:
$$34 - 22 = 12$$

$\begin{array}{l} \quad 0\ 0\ 1\ 0\ 0\ 0\ 1\ 0 \qquad 34_{10} \\ -\ 0\ 0\ 0\ 1\ 0\ 1\ 1\ 0 \qquad 22_{10} \end{array}$

$\begin{array}{l} \quad 0\ 0\ 1\ 0\ 0\ 0\ 1\ 0 \\ +\ 1\ 1\ 1\ 0\ 1\ 0\ 1\ 0 \\ \underline{\scriptstyle 1\ 1\ 1\qquad\quad 1\qquad\qquad} \\ \quad 0\ 0\ 0\ 0\ 1\ 1\ 0\ 0 \qquad 12_{10} \end{array}$

→ Umwandeln ins Zweierkomplement notwendig:
→ Alle Ziffern vertauschen
→ 1 dazuaddieren

$\qquad 0\ 0\ 0\ 1\ 0\ 1\ 1\ 0 \qquad 22_{10}$
1) $1\ 1\ 1\ 0\ 1\ 0\ 0\ 1$

2) $1\ 1\ 1\ 0\ 1\ 0\ 1\ 0 \qquad -22_{10}$
→ Letzten Übertrag der Rechnung abschneiden (gegebenenfalls im Kopf überschlagen um sicher zu sein)

Multiplizieren im Dualsystem:
$110 * 11 = 6 * 3$
$\begin{array}{l} 110 \\ 110\quad \\ \underline{11\qquad\cdot} \\ 10010 = 18 \end{array}$

→ Äquivalent zum Multiplizieren im Dezimalsystem wird schriftlich eine Ziffer nach der anderen durchgegangen und dann Addiert

Dividieren im Dualsystem:
$110000 : 100 = 1100 \rightarrow 48 : 4 = 12$
$\begin{array}{l} \underline{100} \\ \ 100 \\ \ \underline{100} \\ \quad 100 \\ \quad\ 000 \end{array}$

→ Äquivalent zum Dividieren im Dezimalsystem wird im Dualsystem durch Übertrag vorgegangen

Gleitkommazahlen im Dualsystem:
Mantisse ist normiert, entspricht einer Darstellung 0,1414 *10^1 (Mantisse hier: 0,1414)
Gespeichert werden:
- Vorzeichen (1Bit)
- Exponent (8 oder 11 Bit, Zweierkomplement)
- Mantisse (23 oder 52 Bit)

Textdarstellung durch Zeichencodes:
- Buchstaben und andere Zeichen werden als Dualzahl codiert
- US – ASCII Code: Alter, aber immer noch gebräuchlich
  → 33 Steuerzeichen, 10 Ziffern, 26 Groß- & 26 Kleinbuchstaben, Rest der Insgesamt 128 Zeichen sind Satzzeichen, Klammern und mathematische Sonderzeichen
- ISO 8859-1: Enthält US-ASCII, 32 weitere Steuerzeichen, reicht für fast alle europäischen Sprachen
- Unicode: 16-Bit Zeichensatz, 65.000 Zeichen für alle Sprachen
- In Dateien werden Daten unterschiedlicher Formate gespeichert -> können lesbar (textorientiert) oder binär sein
- Meisten Dokument-Dateien sind binäre Formate
- Desweiteren gibt es Medien-Dateien (Musik, Bilder, Videos)

- Übliche Größen: Text Dateien ca. 2000 Zeichen pro A4 Seite, Text-Dokumente ab 5KB pro A4 Seite, Musik 1MB pro Minute bei MP3, Bilder 1MB pro 4Mpixel Auflösung

Speichergrößen:
Unterschied zwischen dualer Größe und dezimaler Größe:
Kibibyte (1024 Byte = 2^10) etwa 2,4% größer als kB (Kilobyte) mit 1000 Byte = 10^3
Mebibyte (1.048.576 Byte = 2^20) etwa 4,8% größer als MB (Megabyte) mit 1.000.000 Byte = 10^6
Und so weiter...

OSI-Schichten-Modell

Für unterschiedliche Anforderungen der Rechnerkommunikation gibt es angepasste Festlegungen. Um diese einfach und übersichtlich zu halten, werden die Aufgaben in Schichten (Layer) definiert.

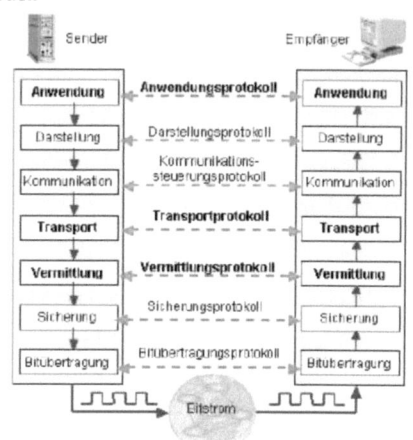

Schicht 7 – Anwendungsschicht (Application Layer)
Dienste, Anwendungen und Netzmanagement, stellt Funktionen für die Anwendungen zur Verfügung. Stellt Verbindung zu den unteren Schichten her und die Dateneingabe und -ausgabe finden hier statt.

Schicht 6 – Darstellungsschicht (Presentation Layer)
Setzt die systemabhängige Darstellung der Daten (vgl. Textdarstellungsmethoden) in eine unabhängige Form um und ermöglicht gegebenenfalls die Übersetzung. Ebenfalls zu den Aufgaben gehören die Datenkompression und die Verschlüsselung.

Schicht 5 – Sitzungsschicht (Session Layer)
Sorgt für die Prozesskommunikation zwischen zwei Systemen. Um Zusammenbrüche der Sitzung und ähnliche Probleme zu beheben werden Wiederaufsetzpunkte (Check Points) eingeführt. Durch diese Check Points können die Sitzungen nach Ausfall wieder synchronisiert werden.

Schicht 4 – Transportschicht (Transport Layer)
Um die Eigenschaften des Kommunikationsnetzes nicht beachten zu müssen sorgt die Transportschicht für einen einheitlichen Zugriff der Schichten 5 bis 7. Besonders wichtig ist die Segmentierung der Daten zur Stauvermeidung.

Schicht 3 – Vermittlungsschicht (Network Layer)
Schaltung von Verbindungen bei *leitungsorientierten Diensten* und bei *paketorientierten Diensten* für die Weitervermittlung der Datenpakete. Datenübertragung wird über das gesamte Netzwerk bereitgestellt, inklusive der notwendigen Planung der Netzwerkknoten über die die Pakete gesendet werden. Ebenfalls wichtig ist die Bereitstellung netzwerkübergreifender Adressen.

Schicht 2 – Sicherungsschicht (Data Link Layer)
Sicherstellung einer zuverlässigen und weitgehend fehlerfreien Übertragung wie auch den Zugriff auf das Übertragungsmedium zu regeln. Aufteilen des Bitdatenstromes in Blöcke, was dem Empfänger fehlerhafte Blöcke leichter auffindbar macht und mitunter reparieren lässt.

Schicht 1 – Bitübertragungsschicht (Physical Layer)

Diese Schicht stellt mechanische, elektrische und weitere funktionale Hilfsmittel zur Verfügung, um physische Verbindungen zu aktivieren bzw. deaktivieren, sie aufrechtzuerhalten und Bits darüber zu übertragen.

Grundlagen Internet

- Domain Name System übersetzt lesbare Namen in IP-Adressen zu einem weltweiten Informationssystem
- Dieses ist hierarchisch gegliedert und mit eindeutigen Zuständigkeiten
- An oberster Stelle stehen die Root Nameserver und Verweisen auf die Toplevel-Domains
- Toplevel-Domain Eben besteht aus den Namens-Systemen der Länderkürzel oder einigen weiteren besonderen:
  - o Generic Domains: .com; .edu; .org; .net; …
  - o Neu angelegte Domains: .eu; .info; …
- Durch redundante Mehrrechner-Systeme werden die Server ausfallsicher gestaltet
- Teile des Domänenbaums, die unter einer separaten Verwaltung stehen werden Zonen genannt (Bsp.: Intranet einzelner Firmen)
- Das Original liegt auf dem Primary/Master und Kopien auf dem Secondary/Slave
- E-Mail: nach dem Web der am meisten genutzte Dienst im Internet
  - o ~150 Mrd. E-Mails pro Tag; ~75% Spam
  - o Bestehen aus Header und Body
  - o E-Mail-Adressen bestehen aus local part + @ + Domain; ebenfalls möglich sind Namenszusätze
  - o Drei Protokolle für E-Mail:
    - ▪ SMTP – E-Mail-Versand
    - ▪ POP3 – Auslesen des Posteingangs
    - ▪ IMAP – Verwalten von Ordner-Strukturen im Postfach

Bloggen und HTML ausgelassen – sinnloses Auswendiglernen

Wissensmanagement

- Wissen ist Kenntnis von Beziehungen zw. Ursache und Wirkung
- Wissen ist systematische Vernetzung Informationen
- Situationales Wissen:
  - o Wissen über domänenspefizische Situationen -> Alltagswissen bezüglich der jeweiligen Situation; Vorstellungen darüber wie sich andere verhalten; Wissen darüber welche Informationen in der konkreten Situation zu beachten
- Konzeptionelles wissen:
  - o Statisches Wissen über Fakten, Begriffe und Prinzipien; Grundlage für das vertiefte Verständnis fachlicher Inhalte
- Prozedurales Wissen:
  - o Wissen über mögliche Handlugen in einer Dömane; automatisierte Handlungsabläufe, Algorithmen & Fertigkeiten
- Strategisches Wissen:

- o Wissen über eine optimale Strukturierung des Problemlöseverhaltens; hypothesengeleitet, datengeleitet, vorwärts oder rückwärts gerichtete Lösungsstrategien
- Unterscheidung zwischen Implizitem (durch Kopieren und Imitation gelernt) und Explizitem (durch Unterweisung/Studium gelernt) Wissen

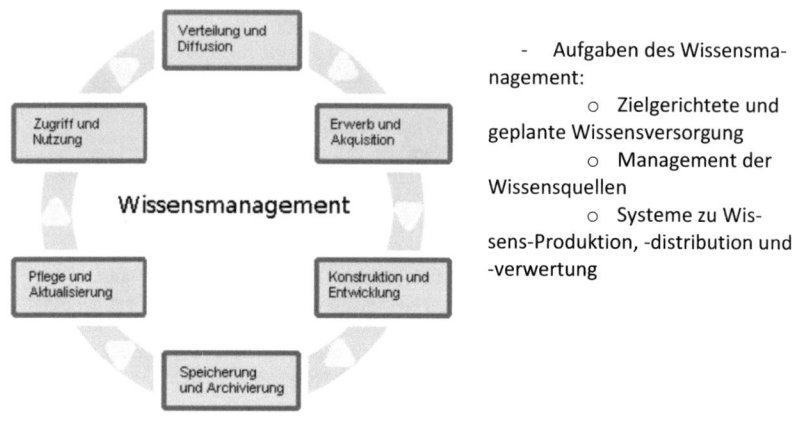

- Aufgaben des Wissensmanagement:
  - o Zielgerichtete und geplante Wissensversorgung
  - o Management der Wissensquellen
  - o Systeme zu Wissens-Produktion, -distribution und -verwertung

Wissensschaffung im Unternehmen

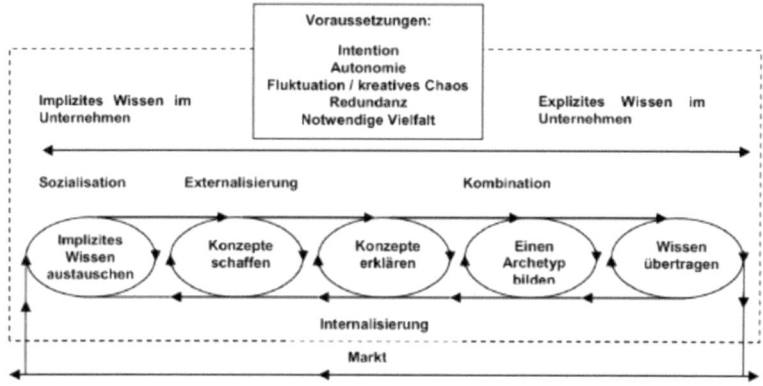

Implizites Wissen austauschen: Wird in Erfahrungen erworben und kann schwer artikuliert werden. Muss in Form von Metaphern, Modellen oder Hypothesen ausgedrückt werden. Diskrepanzen setzen die notwendige Reflexion und Interaktion in Gang.

Konzepte schaffen: Externalisierung der Modelle durch bildhafte Sprache. Gewinnung einer formalen Repräsentation durch Entwicklung expliziter Konzepte.

Konzepte erklären: Konzepte müssen so beschrieben werden, dass andere Personen diese in ihr Handeln aufnehmen können.

Archetyp bilden: Konzepte müssen für Anwendung handhabbar gemacht werden.

Wissen übertragen: Erarbeitetes Wissen muss auf andere Unternehmenseinheiten übertragen werden. Dies kann über die horizontale, vertikale oder externe Übertragung erfolgen.

Methoden des Wissensaustauschs

Lessons Learned: Positive und negative Erfahrungen werden zugänglich gemacht. Dokumentation in Arbeitsabläufe einbinden. Vorgaben für die Struktur der Dokumentation. -> Verringert Einarbeitungszeit von Mitarbeitern.
Best Practice Sharing: Bestmögliche Lösung für eine Problemstellung. Austausch von bestehenden Handlungsabläufen durch Best Practices.
Story Telling: Komplexe Sachverhalte als Geschichten weitergeben um verlorenen Kontext zu vermeiden. Geschichten werden geplant, sind jedoch nicht real und erfordern einen großen Aufwand wie auch langfristige Lernprozesse.

Wissensrepräsentation
Wissenskarten: Wissenskarten visualisieren die Quellen und erleichtern den Zugriff auf Wissen.
Taxonomien: Dienen der semantischen Einordnung von Dokumenten und legen Informationen in hierarchische Kategorien an. (Bsp.: Ordnungsschema von Lebewesen in der Biologie)
Ontologien: Ebenfalls hierarchische Einordnung von Informationen, jedoch mit erweiterten Relationen. (ist ein; ist Synonym zu; besteht aus;…)

Netzwerk-Sicherheit & Privatheit im Internet

- Zur Abwehr von Angriffen auf Netzwerke und PCs werden Firewalls eingesetzt
- Diese stehen zwischen dem Netzwerk und dem Internet und prüfen den durchlaufenden Verkehr und filtern diesen
- Um auf Angriffe reagieren zu können müssen diese erkannt werden:
    o Kontrolle von Log-Dateien
    o Kontrolle von Verbindungen und Systemtätigkeiten
    o Anomalie-Prüfung des Netzwerk-Verkehrs

Verschlüsselung von Dokumenten:
- Inhalt vor Unberechtigten und Fremden verbergen
- Alle Beteiligten müssen das Verschlüsselungs-Verfahren beherrschen
- Schlüssel dürfen nur den Berechtigen bekannt sein
- Möglichkeiten der Verschlüsselung:
    o Symmetrische Verschlüsselung – Ein Schlüssel pro Kommunikationspartner-Paar, dieser wird fürs Verschlüsseln und fürs Entschlüsseln -> schnell, ausgereift, sicher
    o Asymmetrische Verschlüsselung – Zwei Schlüssel pro Teilnehmer, einer öffentlich zum Verschlüsseln, einer privat zum Entschlüsseln
    o Hybride Verschlüsselung - eine Kombination aus asymmetrischer Verschlüsselung und symmetrischer Verschlüsselung. Dabei wird ein zufälliger symmetrischer Schlüssel erstellt, der *Session-Key* genannt wird. Mit diesem Session-Key werden die zu schützenden Daten symmetrisch verschlüsselt. Anschließend wird der Session-Key asymmetrisch mit dem öffentlichen Schlüssel des Empfängers verschlüsselt.
- Sicherheit der Verschlüsselung hängt von der Komplexität des Verfahrens und der Länge des Schlüssels aber:
    o 56 Bit = 8 Zeichen, unsicher
    o 128 Bit = 18 Zeichen, sicher
    o 256 Bit = 36 Zeichen, sehr sicher

- 1024 Bit (sicher) oder 2048 Bit (sehr sicher) bei asymmetrischer Verschlüsselung

Signieren von Dokumenten: Dokumente können signiert werden um den Verfasser eindeutig zu machen und die Unversehrtheit zu bescheinigen. Hierfür bedarf es einer digitalen Unterschrift, einer anerkannten Beglaubigung der Unterschrift und ein Verfahren um Veränderungen an einem Dokument zu erkennen.

Zertifikate: Herausgeber eines Zertifikates signiert dieses mit seinem eigenen Zertifikat. Dieses wiederum ist von einer anderen Ausgabestelle signiert und dieses wiederum von einer vertrauenswürdigen Ausgabestelle. Auf einer SmartCard werden die privaten Schlüssel und die Zertifikate von Mitarbeitern zur Verfügung gestellt. (Verschlüsselungs-Zertifikat, Signatur-Zertifikat, Authentifizierungs-Zertifikat)